SERGIO MALEY

L'Arte di Etsy.

Vendi come un mostro.

Copyright © 2020 by Sergio Maley

All rights reserved. No part of this publication may be reproduced, stored or transmitted in any form or by any means, electronic, mechanical, photocopying, recording, scanning, or otherwise without written permission from the publisher. It is illegal to copy this book, post it to a website, or distribute it by any other means without permission.

First edition

This book was professionally typeset on Reedsy.
Find out more at reedsy.com

Preface

Etsy è un nuovo mercato con vendite potenzialmente eccezionali e crescita del business personale. La consapevolezza che diventerai più lungo in questo libro, usala al massimo.

I

Part One

Nella prima parte del libro impareremo come registrarsi, creare elenchi professionali, parole chiave e molte altre cose molto complicate.
Faremo anche pratica, tanta pratica.

1

Conoscenza e introduzione

Etsy.com è un marketplace, nuovo e ancora poco conosciuto sia nel mondo che in Italia. Poca concorrenza all'interno, che permette di dominare il mercato della nostra nicchia, solo che dobbiamo lavorarci.

Questa piattaforma investe tanti milioni di dollari nella pubblicità e nel miglioramento del servizio. Molti venditori da tutto il mondo vendono qui, soprattutto molti di coloro che sono impegnati in **prodotti fatti a mano** e non solo. Facciamo un paio di esempi: artigianato, oggetti d'antiquariato e materiali, prodotti unici in edizione limitata. Questi beni e altri prodotti sono classificati in un'ampia varietà di categorie come arte, fotografia, abbigliamento, gioielli, cibo, cosmetici, giocattoli e altri accessori.

Ottimo marketplace per varie tipi di attività che aiuta a raggiungere tanti milioni di acquirenti in tutto il mondo.

Essendo un pò pratico e furbo, si può vendere anche come «**dropshipping**», più avanti spiegherò meglio come si può fare.

Questo libro è scritto in un linguaggio semplice e colloquiale con tantissimi cose teorici e tanta pratica da fare. Ho scritto con spiegazioni dettagliate per aiutarti a capire meglio e imparare rapidamente.

Non sprechiamo il tempo e cominciamo a lavorare sul nostro negozio senza ulteriori indugi, poiché il tempo è denaro.

Sfrutta al massimo le forze, possibilità e le idee che ti darò in questo libro per dominare sul mercato.

2

REGISTRAZIONE

La registrazione è molto semplice e non richiede molto tempo, però ci sono alcune sfumature.

Perché stai aprendo un negozio? Prima di aprire un negozio su Etsy, spendere denaro, tempo ed energia… poniti una domanda: perché ne ho bisogno? E sii con te stesso completamente onesto.

Tieni presente anche se l'oggetto che realizzi non è unico, ma devi avere il tempo libero, desiderio e pazienza - benvenuto nella comunità Etsy!

Se i tuoi prodotti sono unici e c'è poca concorrenza, sarà molto più facile per te avere successo anche con un investimento minimo di tempo e le forze. Beh, se vuoi risultati immediati, ma non hai né il tempo né la voglia di sviluppare il negozio, allora contattaci su **www.sergiomaley.com** e ci pensiamo noi.

Iniziamo!

Facciamo il clic su «Sign in» e spunta fuori un finestrino come nella immagine e poi «Registration».

L'ARTE DI ETSY.

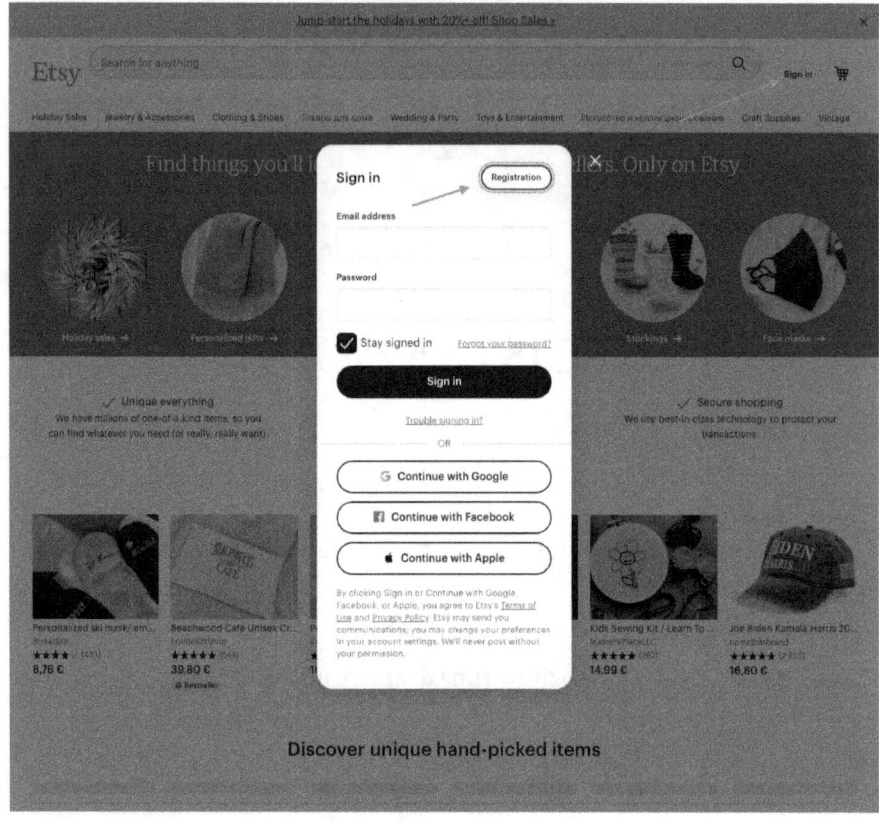

Dopo troveremo questo finestrino da inserire Email, **Nome** (non del negozio), Password e alla fine -> **Register**.

REGISTRAZIONE

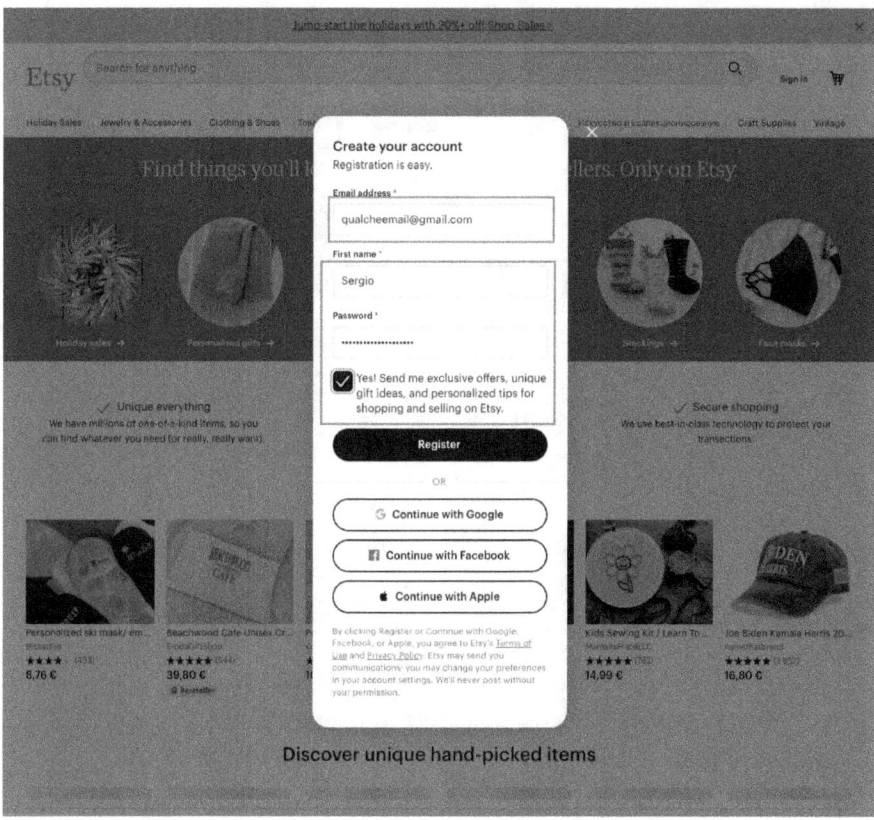

Okay, auguri eh! Ora ti sei registrato su Etsy, ma solo come l'acquirente, non come un venditore. Andiamo avanti. Ora dal menu fai il clic su «You» e **«Sell on Etsy»**

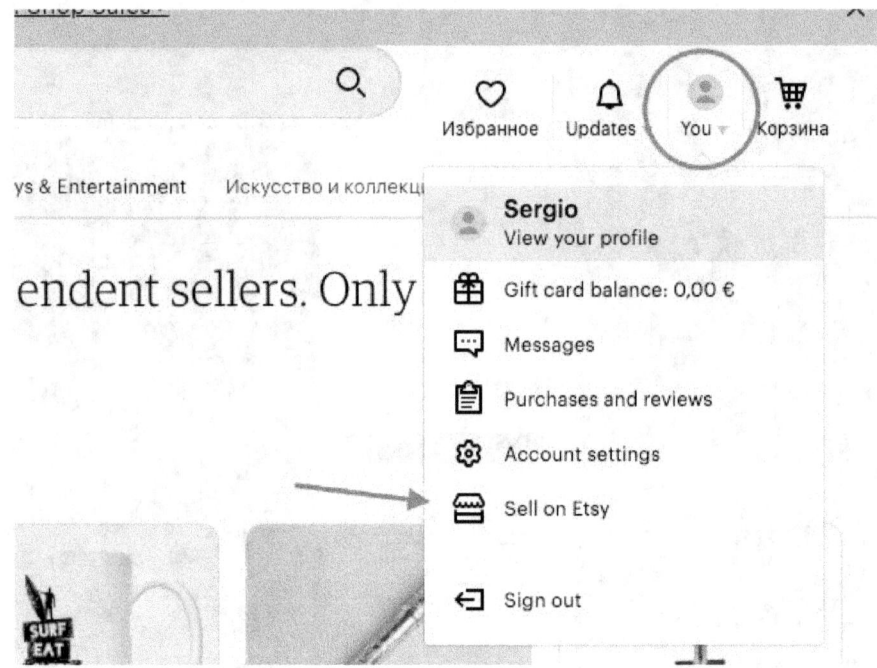

Ti troverai con una pagina cosi della introduzione, ma niente panico. Trova **«Open your Etsy shop»** e clica su.

REGISTRAZIONE

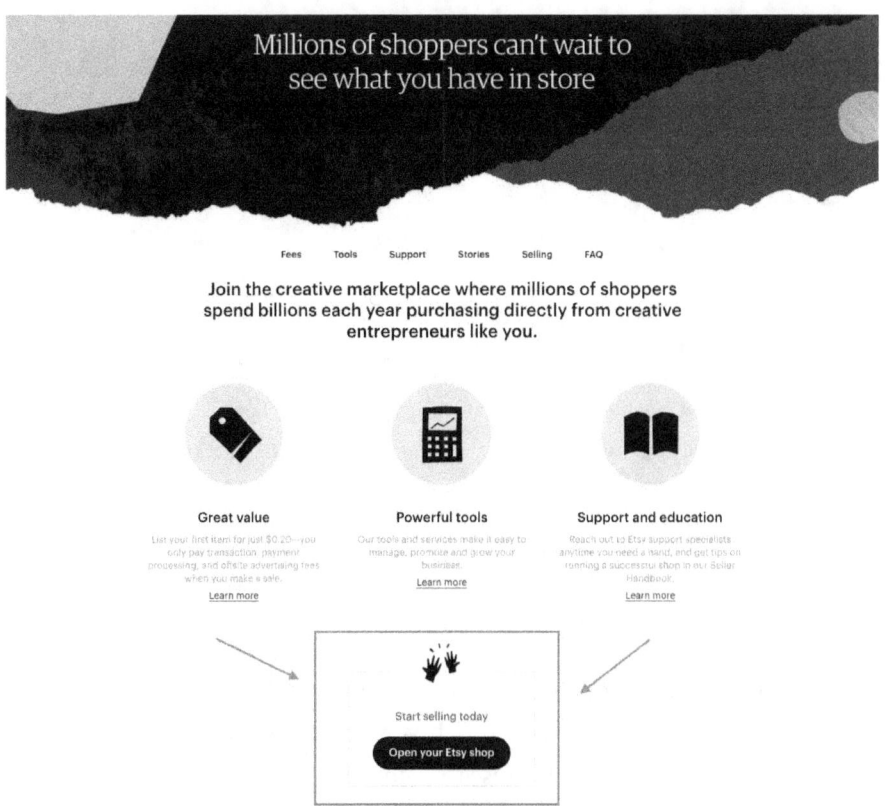

Imposta le preferenze del tuo negozio.

Adesso ci sono alcune cose da fare. selezionare la lingua, il paese e la valuta del negozio. Vogliamo vendere negli USA? bene, allora, significa English (Scegli la lingua del negozio in Inglese (preferibilmente, siccome Etsy è un sito in lingua inglese, quindi procurati Google Traduttore vicino, se non conosci questa lingua)). Da dove vendiamo? Nel nostro caso, questa è l'Italia, devi trovarla sulla lista. La valuta è ovviamente l'euro.

L'ARTE DI ETSY.

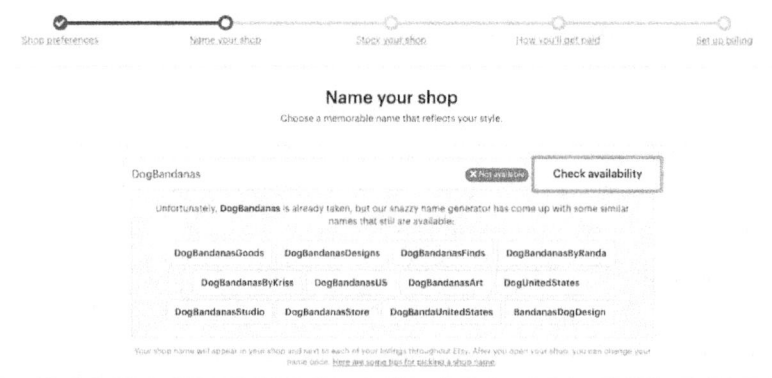

Scegli il nome del tuo negozio Etsy.

È arrivato il momento di dare un nome al negozio. Se la tua azienda ha già un nome, lo inseriamo, altrimenti lo inventiamo. Ti consiglio di nominare un negozio con all'incirca la stessa nicchia in cui venderai. Ad esempio, "SolarPowerBanksStore", "DogBandanas" è già stato preso, quindi nel nostro caso è "DogBandanasStore" - La nicchia delle bandane per cani.

Dopo di aver assegnato un nome del negozio, Etsy ci chiede di aggiungere il primo prodotto. Detto questo, l'elenco di articoli fisici e digitali (si pensi

REGISTRAZIONE

alla cancelleria stampabile, ai modelli, agli adesivi, ai tag regalo) comporta processi separati. Ti mostreremo le nozioni di base su come elencare un elemento tangibile; puoi consultare la guida di Etsy se stai inserendo un articolo digitale.

Aggiungi foto.

Etsy consiglia di utilizzare almeno cinque foto per articolo (puoi includerne un massimo di 10) in modo che i clienti possano vedere il tuo prodotto da varie angolazioni e che la dimensione delle tue immagini sia di almeno 1.000 pixel quadrati. Inoltre, se hai varianti di un prodotto, ad esempio una t-shirt con più colori, puoi includere foto per tali varianti in modo che i clienti possano vedere tutte le loro opzioni.

Modifica la tua miniatura.

La tua miniatura è la prima immagine del tuo articolo che i tuoi clienti vedono nel tuo negozio, tramite la ricerca e altrove su Etsy: pensala come l'headshot del tuo prodotto. Assicurati che sia buono.

Completa i dettagli del tuo annuncio.

Assegna al tuo articolo un titolo che descriva il prodotto nel modo più dettagliato possibile, considerando il tuo limite di 140 caratteri. Avrai anche la possibilità di fornire una descrizione approfondita, una panoramica puntata del prodotto e dettagli aggiuntivi come la categoria e il tipo del prodotto.

Nella sezione della descrizione, sarai anche in grado di visualizzare in anteprima la tua scheda per un risultato di ricerca di Google, che può aiutarti a ottimizzare per la SEO e-commerce.

Inoltre, nei dettagli del tuo annuncio, assicurati di prestare attenzione alla sezione intitolata "Renewal options". Come vedremo in merito alle tariffe di Etsy di seguito, se selezioni "Automatic", il tuo annuncio si rinnoverà automaticamente dopo la scadenza, ogni quattro mesi. Ogni volta che l'inserzione si rinnova, ti verrà addebitata una commissione di 0,20 centesimi, quindi vorrai essere sicuro di ricordartelo quando avvii il tuo negozio.

Se preferisci rinnovare tu stesso le schede scadute o, in alternativa, eliminarle, puoi selezionare "Manual".

Infine, dovresti sfruttare tutti i 13 "tag" disponibili per articolo. Gli acquirenti

REGISTRAZIONE

trovano il tuo articolo cercando le parole chiave nella barra di ricerca, quindi lavora a ritroso e pensa a ciò che un cliente potrebbe digitare nella ricerca per trovare i tuoi prodotti. Queste parole chiave sono ciò che dovrebbero essere i tuoi tag. Riguardo la SEO parleremo più avanti.

Completa il tuo inventario e i prezzi.

In questa sezione, inserirai il prezzo del prodotto, l'imposta sulle vendite (se applicabile), la quantità (se ne hai più di uno in magazzino), il numero SKU (se ne hai uno) e le varianti. Come accennato in precedenza, puoi aggiungere varianti, come dimensioni, materiali e colori, e collegare le rispettive foto a tali variazioni.

Imposta il prezzo di spedizione.

Qui includerai tutti i dettagli necessari sui tuoi processi di spedizione, come i servizi di spedizione che utilizzi, i costi, il paese di origine, i tempi di elaborazione e il peso e le dimensioni degli articoli.

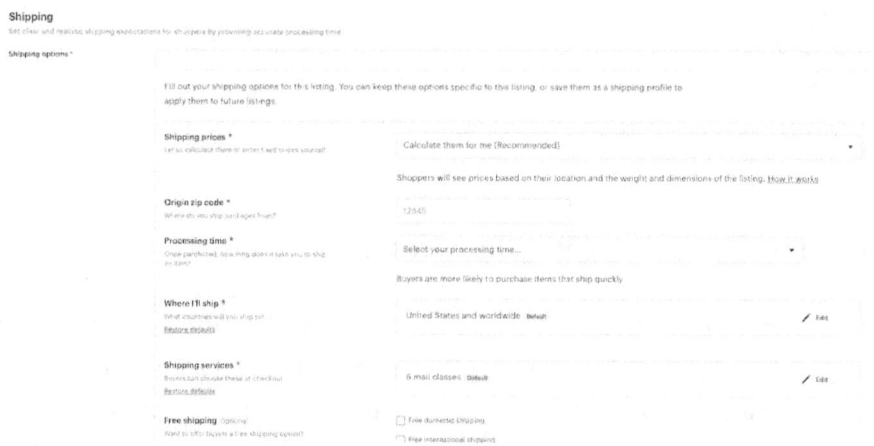

Puoi anche optare per Etsy per calcolare i prezzi di spedizione per te (cosa che consigliano). In questo caso, ti verrà richiesto di inserire il peso e le dimensioni dell'articolo (quando imballato). Quindi, in base a queste informazioni, sarai in grado di visualizzare in anteprima il prezzo di spedizione visualizzato dall'acquirente.

Dopo aver aperto il tuo negozio su Etsy, avrai anche la possibilità di impostare "Shipping profile" in modo da poter aggiornare rapidamente gli articoli con gli stessi costi di spedizione.

Pubblica il tuo annuncio.

Puoi visualizzare in anteprima l'intera scheda per vedere come apparirà ai clienti prima di pubblicarla.

Quando avvii per la prima volta il tuo negozio Etsy, puoi includere tutte le inserzioni che desideri. Etsy consiglia almeno 10, poiché più elenchi hai, più è probabile che i clienti ti trovino.

Detto questo, tuttavia, ti consigliamo di ricordare che le tue inserzioni non sono attive fino al termine del processo di configurazione, quindi non vuoi dedicare troppo tempo a un numero elevato di inserzioni se stai cercando di avviare memorizzare rapidamente.

Scegli le tue preferenze di pagamento.

Dopo aver aggiunto i tuoi articoli, dovrai impostare le preferenze di pagamento di Etsy. Innanzitutto, scegli come preferisci accettare i pagamenti: le opzioni includono PayPal, assegno o vaglia postale, "altro" o Etsy Payments, che è il modo principale in cui i venditori vengono pagati. Puoi accettare carte di credito, carte di debito, buoni regalo Etsy e credito del negozio e altro ancora.

Attualmente, Etsy richiede a qualsiasi venditore idoneo (in base alla sua posizione) di offrire Etsy Payments per farlo. In questo senso, sebbene Etsy offrisse PayPal come opzione di pagamento autonoma, a partire dal 15 maggio 2019, i venditori nei paesi idonei, inclusi gli Stati Uniti, devono utilizzare Etsy Payments con PayPal integrato.

Inoltre, se sei idoneo per Etsy Payments, dovrai configurarlo come parte delle impostazioni di pagamento, inserendo il tuo conto bancario e l'indirizzo di residenza (come mostrato sopra) per ricevere i tuoi depositi di pagamento da Etsy.

Imposta la fatturazione.

Quando avvii un negozio Etsy, questo passaggio dipenderà interamente dal tuo paese. In alcuni paesi, Etsy richiederà di fornire una carta di credito per scopi di autorizzazione dell'identità. Avrai anche bisogno di una carta in archivio in modo che Etsy possa addebitarti le commissioni di vendita (maggiori informazioni di seguito).

Se sei un venditore capace, hai la possibilità di iscriverti alla fatturazione automatica, nel qual caso Etsy addebiterà automaticamente sulla tua carta di credito in archivio le commissioni di vendita che devi sostenere, quindi non devi preoccuparti di pagare le tue spese mensili dichiarazione.

Apri il tuo negozio.

A questo punto, hai imparato con successo come avviare un negozio Etsy: dopo aver fatto clic su "**Open Your Shop**", il tuo negozio sarà aperto. **Auguroni**! :)

3

Configurazione del negozio

Il nostro negozio è stato aperto con successo. Ora passiamo alla personalizzazione e dandogli l'aspetto professionale e di qualità in modo che i clienti vogliano acquistare da te e solo da te.

Prendiamo per esempio un negozio di gioielleria (*il nome del negozio ho nascosto, per non fargli la pubblicità se magari il mio libro farà il successo :) , anche per nascondere dagli occhi «cattivi». (Se ti interessata, scrivimi pure sui social, i contatti troverai in questo libro*)). <u>Fatti caso, che i commenti sulle foto, ho scritto in inglese, siccome ho dei grandi piani riguardo questo libro, e tradurlo in tante lingue del mondo. Tanto… ormai inglese è la nostra seconda lingua.</u> Okay… procediamo.

Aggiungi una biografia e una foto (avatar).

Il tuo profilo pubblico è il modo in cui i visitatori del sito possono saperne di più su di te, sia come imprenditore che come persona al di fuori del tuo lavoro.

Nella tua biografia hai spazio libero per dire al pubblico praticamente tutto ciò che vuoi. Parla un po 'del tuo background, dei tuoi interessi, delle tue

CONFIGURAZIONE DEL NEGOZIO

qualifiche e racconta la storia dietro i tuoi prodotti, la tua missione e perché ami quello che fai. **Però io consiglierei di scrivere proprio le parole chiave della nicchia.**

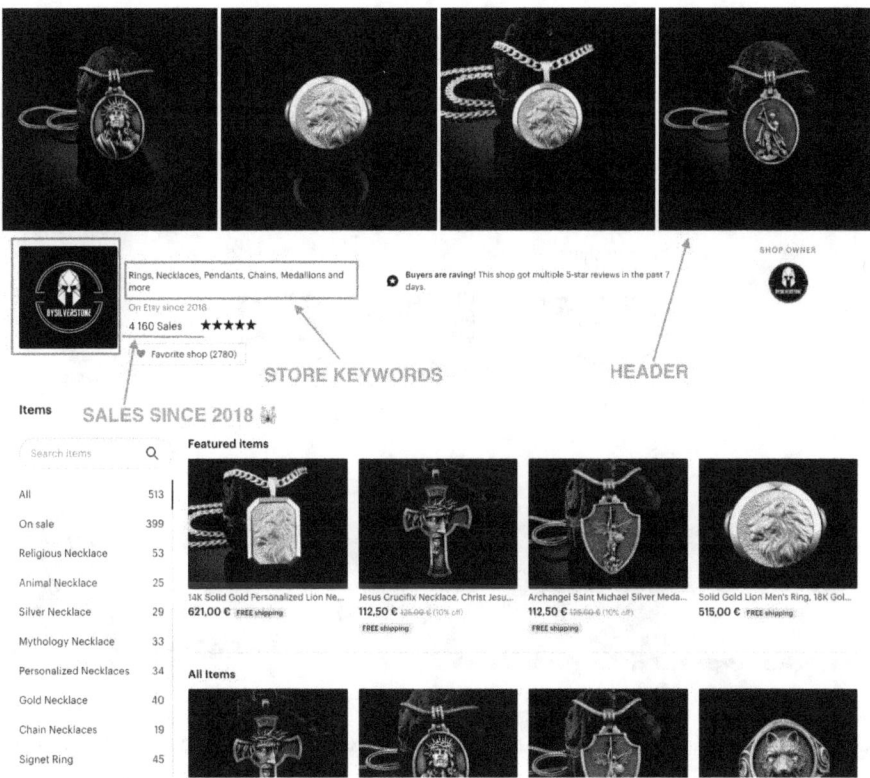

La foto del profilo deve essere 500x500 px per ottima qualita, importante che la foto non sia la nostra :D, ma deve essere un logo. Si può facilmente e senza fatica crearlo su **www.canva.com**

L'ARTE DI ETSY.

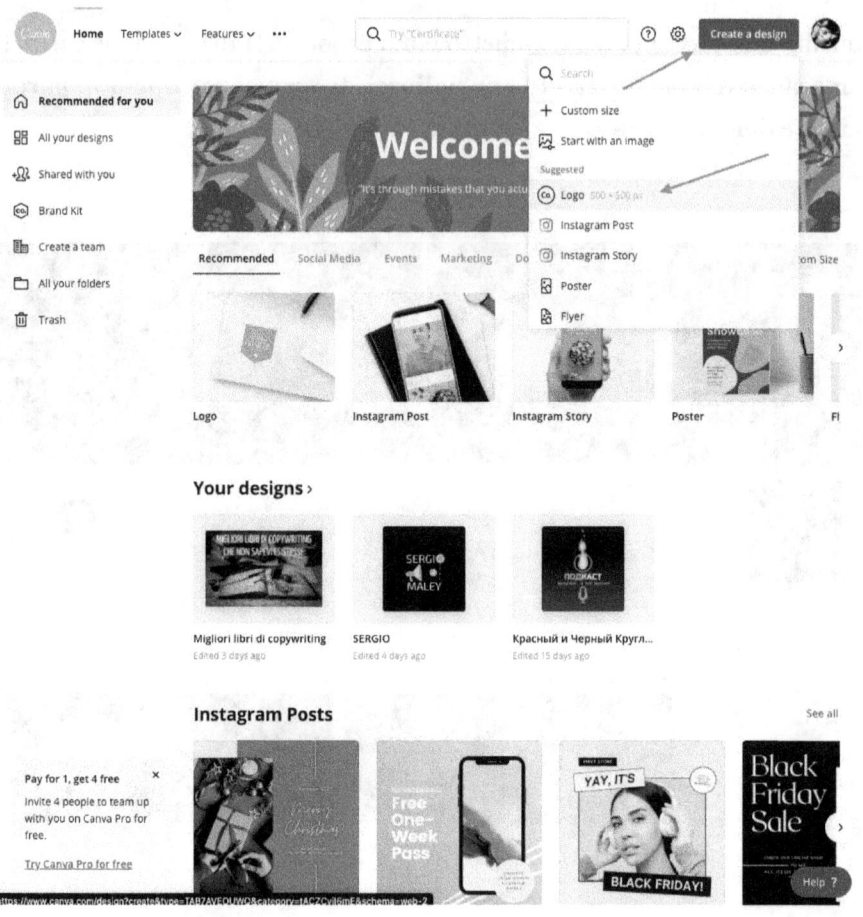

Successivamente, puoi selezionare molti modelli già pronti, apportare alcune modifiche o crearne uno tuo. Dopo tutto questo, fai il clic so Download e scegli il formato tra .png e .jpg

CONFIGURAZIONE DEL NEGOZIO

Crea uno header del tuo negozio.

Header ti dà l'opportunità di decorare il tuo negozio e dargli un aspetto professionale. L'intestazione dovrebbe essere di buona qualità, preferibilmente con il nome del tuo negozio. Se hai sconti o annunci importanti, puoi anche scriverli. L'importante è non farne uno banner pubblicitario.

L'ARTE DI ETSY.

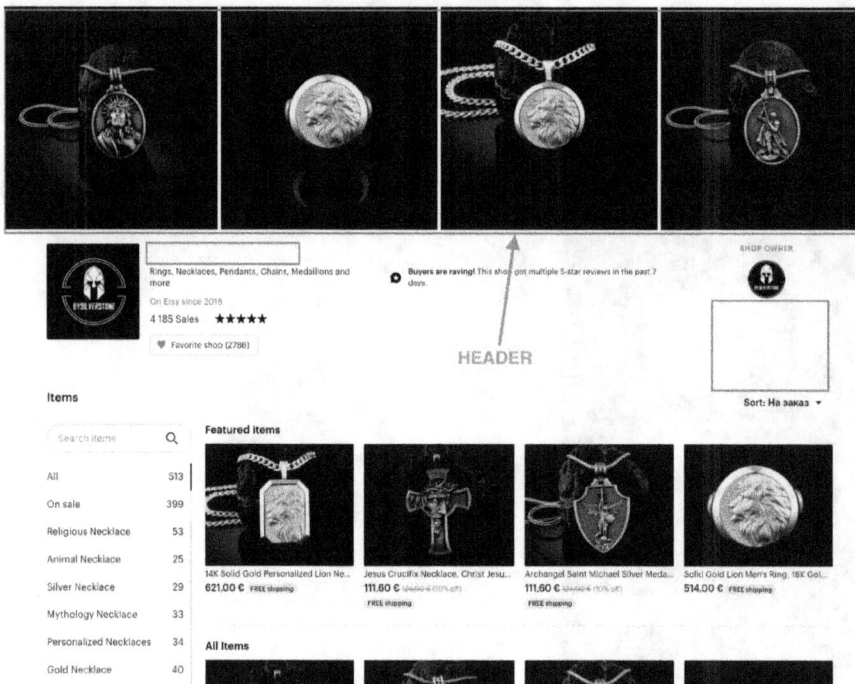

Esempio 1.

CONFIGURAZIONE DEL NEGOZIO

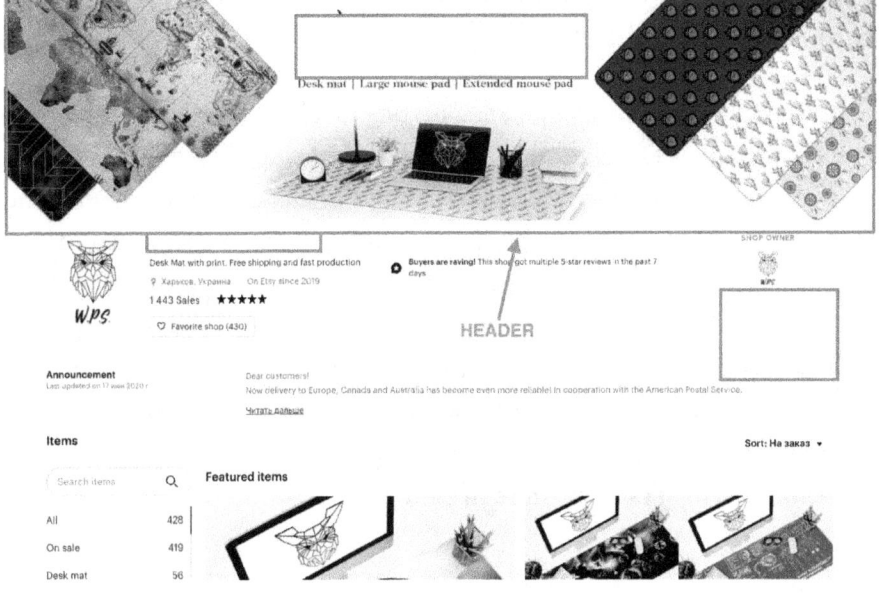

Esempio 2

Per questo c'è una sezione speciale chiamata "Announcement". Descrivi al massimo il tuo annuncio, includendo le parole chiave di ciò che vendi.

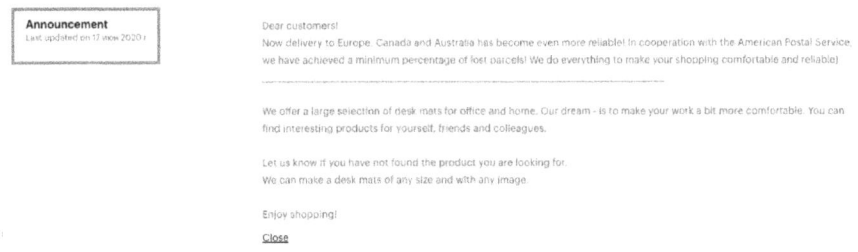

Announcement

Imposta le tue politiche.

Qui risponderai a qualsiasi domanda pertinente che i tuoi clienti potrebbero avere sui tuoi processi di produzione, elaborazione, spedizione e pagamento. Assicurati di includere una stima del tempo di elaborazione e spedizione in modo che i tuoi acquirenti abbiano un'idea chiara di quanto tempo impiegheranno i loro articoli a raggiungerli.

Inoltre, assicurati di includere la tua politica di resi e cambi e i metodi di pagamento che accetti. Se hai indicato "altro" nelle impostazioni di pagamento, dovrai includere informazioni e istruzioni su questo metodo di pagamento in questa sezione e in ogni scheda.

CONFIGURAZIONE DEL NEGOZIO

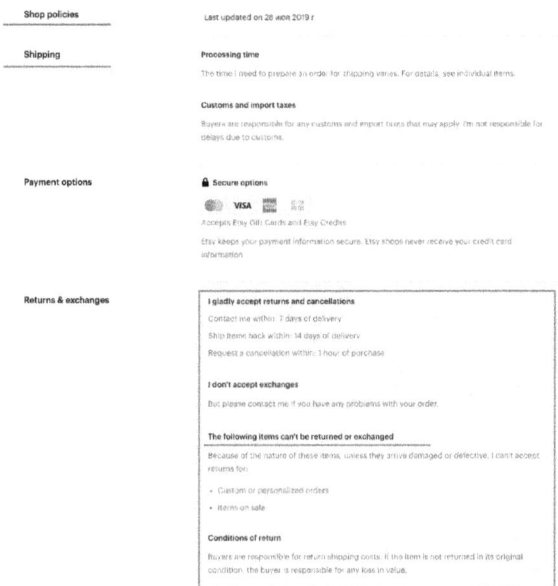

Aggiungi sezioni.

Raggruppa i tuoi articoli in categorie in modo che gli acquirenti possano vagliare più facilmente i tuoi prodotti. Un po 'come una barra di navigazione, le sezioni appariranno sul lato sinistro della tua home page e includeranno il numero di prodotti all'interno di ciascuna categoria. Non sarebbe male chiamarli con una parole chiave, che può indicizzare meglio sui motori di ricerca su Etsy e anche su Google. Come per esempio qua.

All	513
On sale	399
Religious Necklace	53
Animal Necklace	25
Silver Necklace	29
Mythology Necklace	33
Personalized Necklaces	34

Aggiungi la sezione "About" del tuo negozio.

Proprio come la tua sezione "About" personale, anche il tuo negozio merita la sua biografia. Hai 5.000 caratteri per raccontare ai clienti la storia delle origini della tua attività: tieni presente che Etsy (e i clienti) apprezzano la trasparenza e l'apertura, quindi non preoccuparti troppo di scrivere testi di marketing tradizionali; sii genuino.

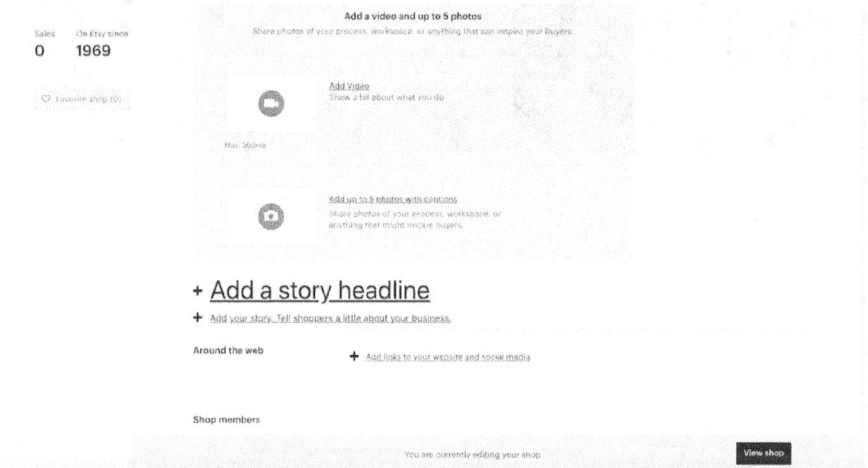

Story of SHOPNAME

Jewelry is our family profession. In Istanbul Grand Bazaar, we have worked as production responsible and we have manufactured products to premier brands for years. I was tired of producing products according to others' likings and requests so despite the higher risk of winning less, I have decided to put my own designs into the global market. Now we are ready after hard working over two years in R&D and market reserch. We have created the necessary infrastructure to provide you always the newest models, the fastest delivery system and smoothly products. We are ready for shipping the purchased product in only 1-2 days . Both in purchasing process and after purchasing , we guarantee that we will not compromise our services. Hereby we hope you make the people that you love happy by buying a Bysilverstone design because we have made effort to make you and your favorite people happy and we will continue.

Close

Puoi anche elencare chiunque ti aiuti a produrre e creare i tuoi prodotti o gestire il tuo negozio, fornire foto o un video dello spazio del tuo studio o del processo creativo e aggiungere link ai profili dei social media del tuo negozio.

CONFIGURAZIONE DEL NEGOZIO

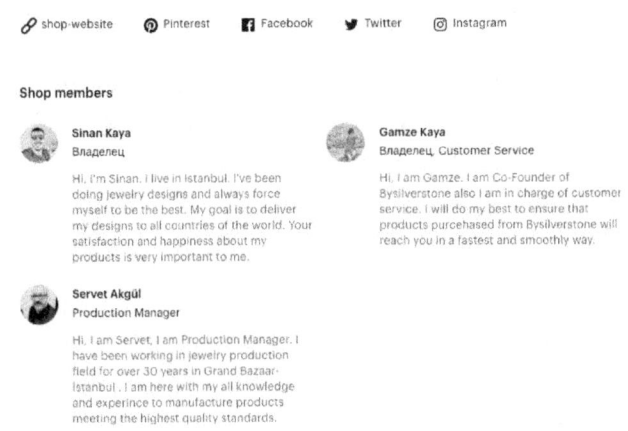

Utilizza lo strumento di social media di Etsy.

Pubblicizzare il tuo negozio Etsy tramite i social media è essenziale per acquisire nuovi affari e mantenere la tua base esistente al corrente dei nuovi prodotti.

Fortunatamente, Etsy lo rende davvero facile da fare: con lo strumento dei social media della piattaforma, puoi aggiornare rapidamente tutti i tuoi canali social con annunci del negozio, nuovi elenchi, ottime recensioni o articoli specifici che desideri promuovere sui social media tramite il telefono o il computer. Crea la pagina su Pinterest, Facebook e su Instagram con lo stesso nome del tuo negozio come su Etsy, per mostrare la tua competenza e professionalità ai tuoi clienti.

Dai un'occhiata.

È molto importante ricontrollare tutto nel tuo negozio per vedere se hai dimenticato di aggiungere qualcosa. Riempilo al massimo, lascia che ti porti grandi profitti.

4

Creare un listing professionale

Okay, ci siamo arrivati a questo punto per sapere il vero segreto "come creare un listing professionale" che ti permetterà di spuntare sule prime pagine nella ricerca. Leggilo bene questo capitolo, siccome ci sono dei momenti molto delicati ed importantissimi.

ETSY SEO

SEO - **ottimizzazione per i motori di ricerca** (*Search Engine Optimization*) si intendono tutte quelle attività volte a migliorare la scansione, l'indicizzazione ed il posizionamento di un'informazione o contenuto presente in un sito web oppure nel negozio online.

Come cercare le parole chiave?

Esistono diversi strumenti come il Google Keyword Planner oppure l'eRank che permettono di individuare le parole chiave più cercati.

Facciamo un esempio con la parola "**Dog bandana**" su Google Keyword

Planner. Ti mostra i suggerimenti delle parole, come cercano le persone su Google e a quantità mensile delle richieste. Usarli correttamente con la tecnica "**Long Tail Keyword**" ti aiuterà a spuntare nella ricerca meglio. Più avanti scoprirai come si fa.

CREARE UN LISTING PROFESSIONALE

Keyword	Wed number of requests per month	Competition level	Ad impressions received
The keywords you specified			
dog bandana	10 thousand - 100 thousand	Tall	-
Keyword variations			
dog scarf	1 thousand - 10 thousand	Tall	-
custom dog bandanas	1 thousand - 10 thousand	Tall	-
personalized dog bandanas	1 thousand - 10 thousand	Tall	-
puppy bandanas	1 thousand - 10 thousand	Tall	-
dog birthday bandana	1 thousand - 10 thousand	Tall	-
dog bandana collar	1 thousand - 10 thousand	Tall	-
big brother dog bandana	1 thousand - 10 thousand	Tall	-
dog with bandana	1 thousand - 10 thousand	Middle	-
dog handkerchief	1 thousand - 10 thousand	Tall	-
christmas dog bandanas	1 thousand - 10 thousand	Tall	-
dog cooling bandana	1 thousand - 10 thousand	Tall	-
halloween dog bandana	1 thousand - 10 thousand	Tall	-
bandit bandanas	1 thousand - 10 thousand	Tall	-
dog neckerchief	100 - 1 thous.	Tall	-
big sister dog bandana	100 - 1 thous.	Tall	-

Google Keyword Planner Search

C'è anche un buon servizio, **eRank.com**, che ti aiuta a trovare le parole chiave e ti mostra la frequenza con cui vengono cercate, la concorrenza e altre cose utili. Questo servizio è gratuito di base, ma c'è la possibilità di fare un "upgrade" Pro, che permetterà di vedere più statistiche

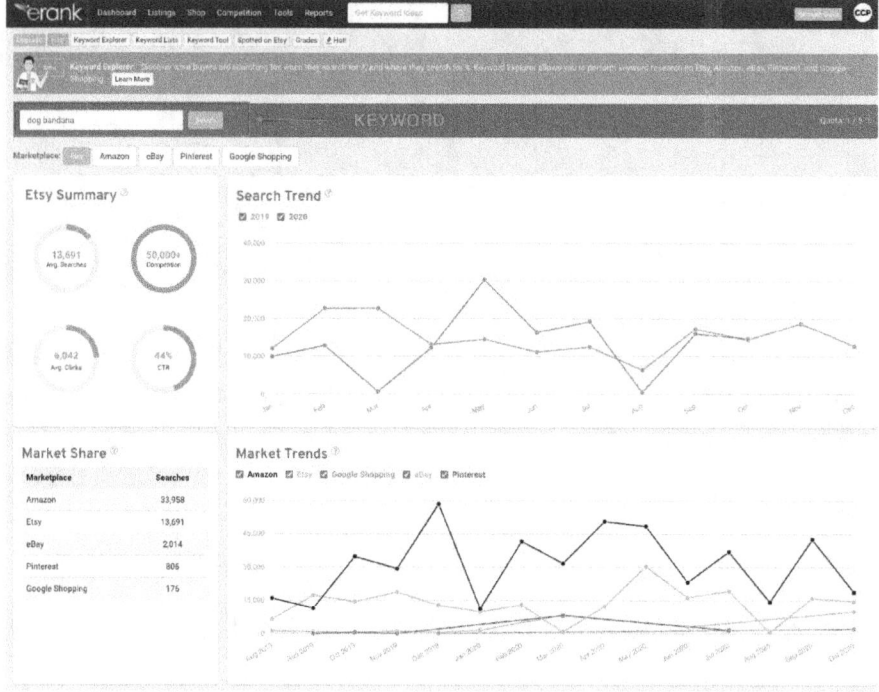

eRank.com statistica

CREARE UN LISTING PROFESSIONALE

eRank.com keyword suggerimenti

Le parole che sono state trovate qua, le puoi inserire nei TAG, quando crei un listing.

Passiamo ora alla ricerca su Etsy, in quanto ci sono molti suggerimenti interessanti per il nostro prodotto.

Come scrivere Long Tail Keyword?

Su questo argomento ci saranno tanti immagini per farti capire e spiegare meglio.

Andiamo avanti sempre con la parola "Dog bandana". Ci sono solamente due parole, però un casino nei risultati della ricerca. In totale ci sono 147.524

prodotti con questa parola chiave. Se abbiamo appena creato un listing... ciao!

Scrivere i titoli del prodotto cosi è una pessima tecnica, che ti porterà **ZERO** vendite!

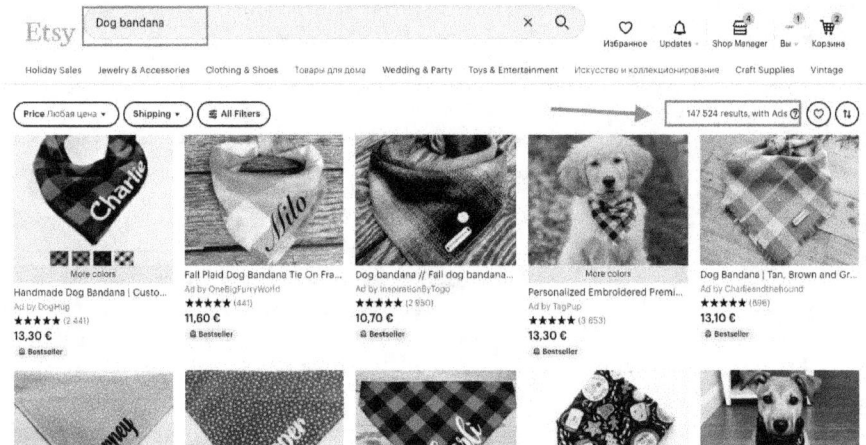

Tranquilli. Niente panico. Sono qui per insegnarvi a vendere "come uno mostro".

Metti lo spazio nella ricerca, e ti uscirà fuori un finestrino con altri suggerimenti delle parole chiave che si usano per quel prodotto.

CREARE UN LISTING PROFESSIONALE

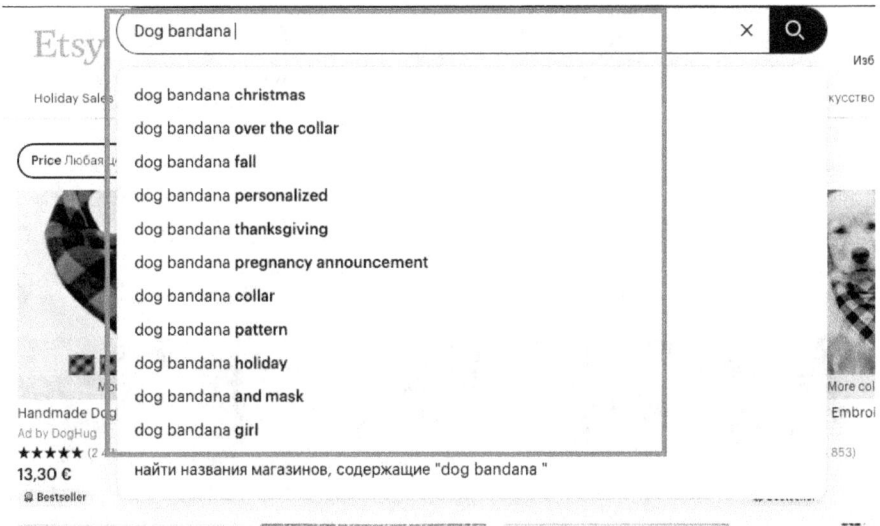

Scegliamo "**dog bandana fall**" per prima, e poi ancora più avanti "**over collar**". Quindi la nostra parola chiave "Long tail keyword" deve essere "**dog bandana fall over collar**" (certo se noi vendiamo questo prodotto).

Ora prova a guardare i risultati della ricerca. Soltanto **3.692** listing. Cosi hai molta più probabilità di vendere i prodotti.

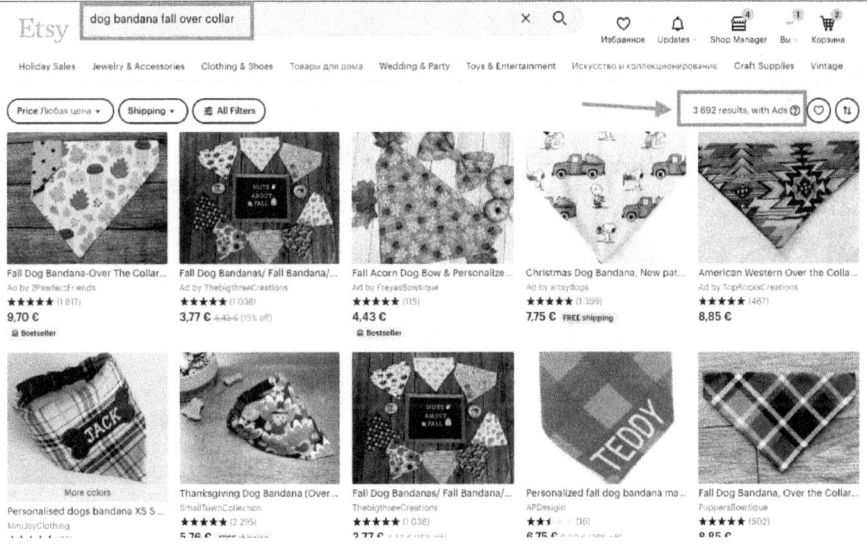

Ma aspetta, ci sono anche dei Filtri. Applicando il filtro "FREE SHIPPING", spuntano SOLO **117** listing. Se hai delle foto di ottima qualità, tutte le vendite le rubi tu.

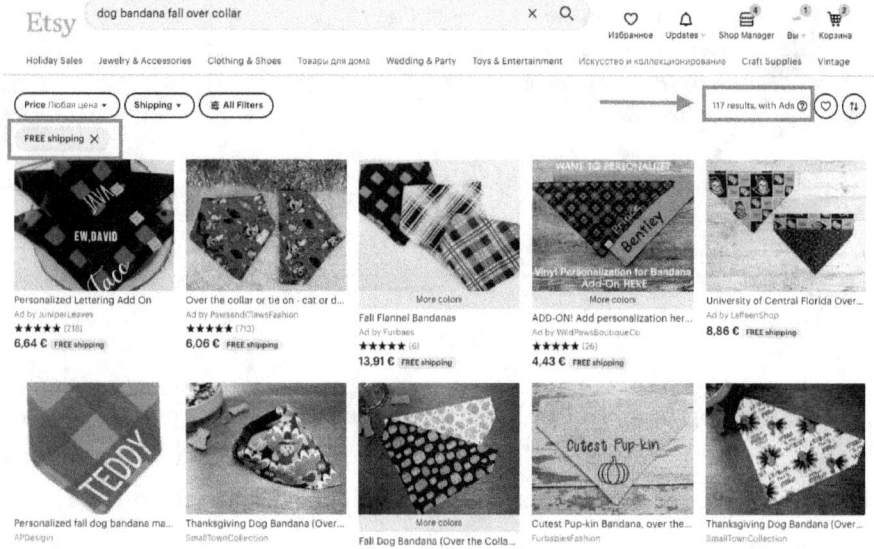

Ora facciamo un altro esempio, breve e veloce. Che di sicuro saranno interessati molti che ha un negozio di gioielleria.

Prendiamo per esempio "**silver pendant**". Quando l'ho visto la cifra da **2.112.851** listing, ho sparato tante di quelle parolacce. Qua di sicuro al 100% non ti troveranno mai. Ma per usare Etsy ADS (che ne parlerò dopo) costerà una barca dei soldi per un solo click… che non conviene per niente.

CREARE UN LISTING PROFESSIONALE

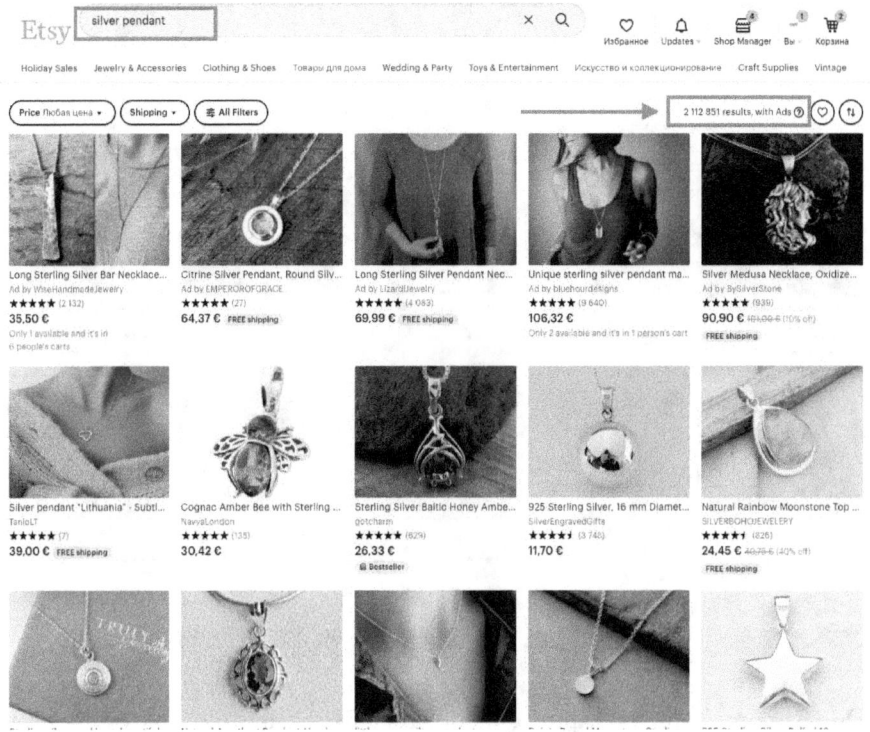

Allunghiamo la parola "**silver pendant necklace dainty eye**" e applichiamo un paio di filtri come "**la spedizione 1-3 giorni**", "**Consegna gratuita**", "**Sconto**". Ora da 2 milioni siamo a solo 106 risultati. Le tue vendite scoppieranno. Alla fine ti spiegherò la tecnica VINCENTE per essere nel top 1.

L'ARTE DI ETSY.

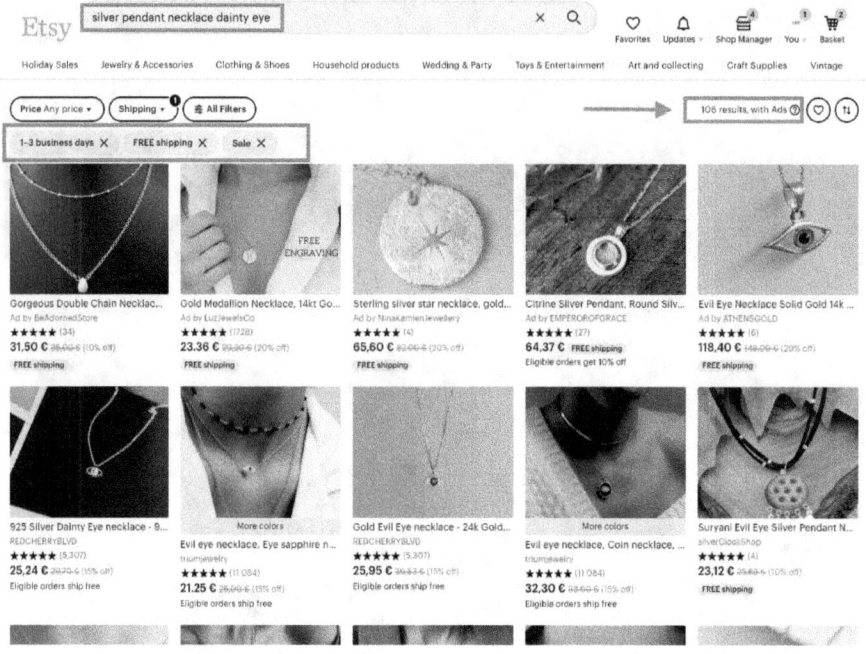

Quindi, come abbiamo capito, quando crei il listing, il titolo deve essere Long Tail. Praticamente devi descrivere il tuo prodotto in 3-5 parole.

Ancora un esempio. Se vendi l'orologio da muro, che sarebbe "**clock wall**" come la principale parola chiave, ma dopo devi descriverlo in modo che tu possa essere trovato più velocemente da quelle parole.

CREARE UN LISTING PROFESSIONALE

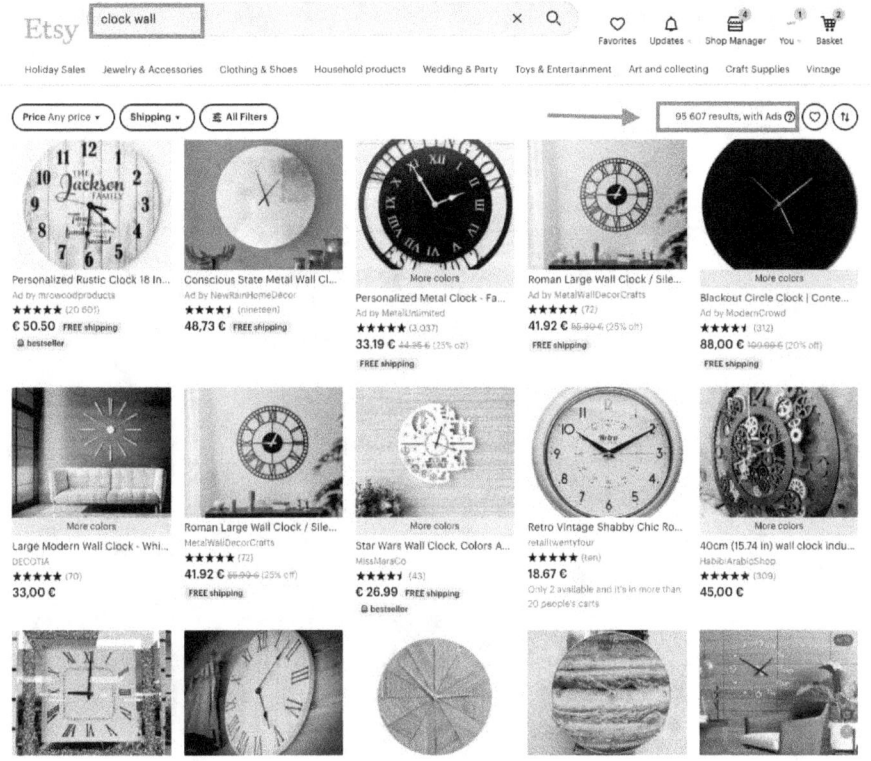

Come vedi, ci sono altri 95.607 prodotti con questa parola, ma se il tuo l'orologio di resina epossidica e di colore blue, devi scrivere cosi "**clock wall epoxy resin blue**". Ci siamo fermati ai soli 251 risultati, quindi come dicevo - di sicuro avrai le vendite.

L'ARTE DI ETSY.

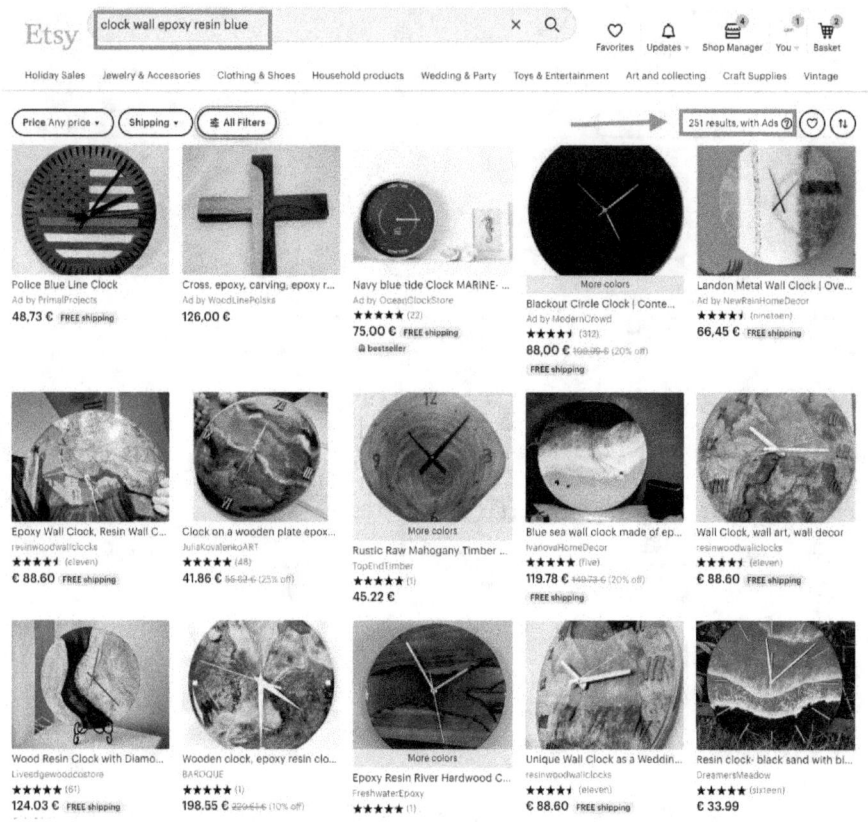

Una cosa però, descrivi il titolo con 3 o 4 pezzi di long tail keyword. Cioè: **"clock wall epoxy resin blue, epoxy resin blue wall clock, blue clock for wall epoxy resin for kids".** Questo è un titolo perfetto per essere trovati più velocemente e crearne un sacco di vendite.

Conclusione: Definisci le parole chiave per il tuo titolo nella bara della ricerca di Etsy + aggiungendo le parole riguardo il tuo prodotto. Devono essere 3-4 long tail... di più - meglio ancora. Usando Google Keyword Planner ed eRank, puoi trovare le parole chiave per inserire nei TAG.

Le foto. Come devono essere?

Questo è un problema globale per la maggior parte dei negozi. Circa il 95% dei negozi hanno foto terribili di scarsa qualità e piccole quantità. Tanti anni di pratica e esperienza ti dò dei ottimi consigli. Fai le foto dei prodotti più o meno degli stessi colori e lo sfondo.

Esempio 1

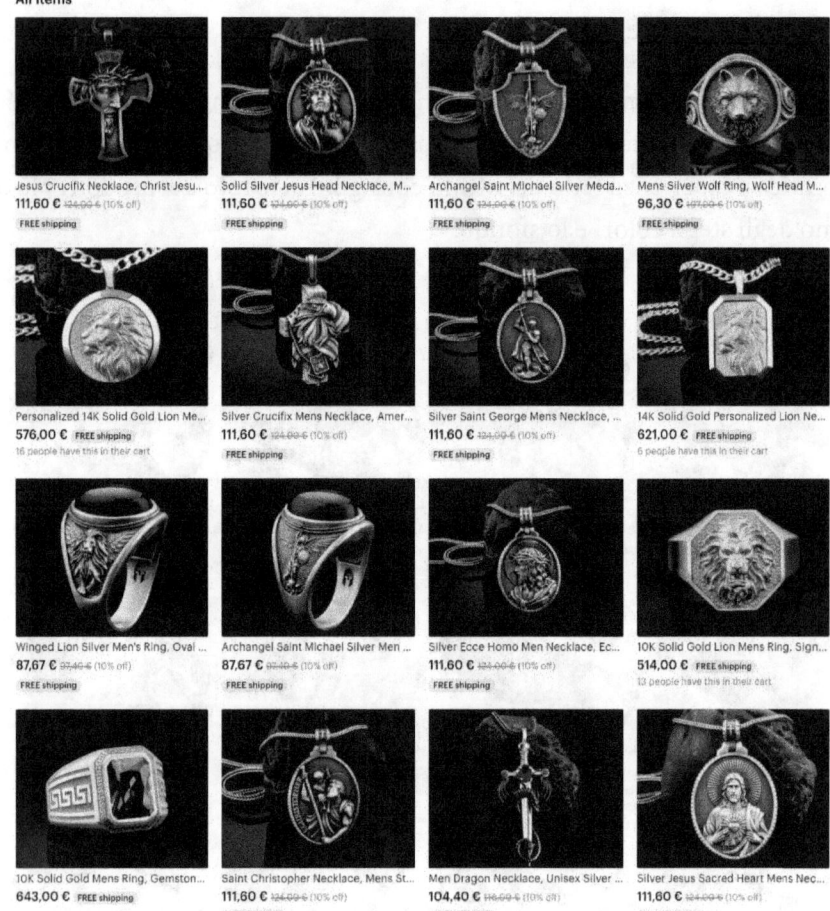

Esempio 2

Bello, vero? Credo che hai capito che cosa intendo. Diversi negozi, ma la stessa idea. Trovati in posto fisso per fare delle foto sullo stesso sfondo. Consiglio di imparare di usare qualche app per aggiungere saturazione e colore alle tue foto. Per questo andrebbe benissimo **Adobe Lightroom**. Mostra ai clienti il prodotto da diversi parti e come stanno se si indossano.

CREARE UN LISTING PROFESSIONALE

L'ARTE DI ETSY.

← Back to search results

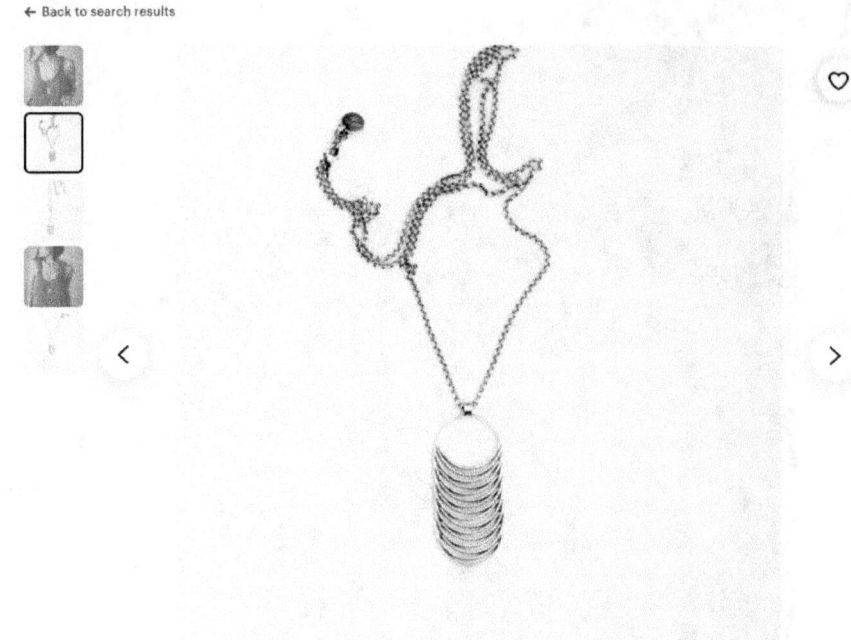

CREARE UN LISTING PROFESSIONALE

Aggiungi più foto possibile, siccome Etsy ti mostrerà di più nella ricerca. Ora possibile caricare anche un breve video del prodotto, che proprio farà saltare in aria le tue vendite.

Parametri e materiale

Aggiungi tutti i parametri necessari relativi al tuo prodotto per renderlo migliore e più facile da navigare per gli acquirenti e per una maggiore pertinenza nella ricerca. In cosa consiste questo prodotto? Di che colore ha? Che misura? Quanto pesa?. Tutto questo è molto, molto importante, perché Etsy ne tiene conto nella query di ricerca.

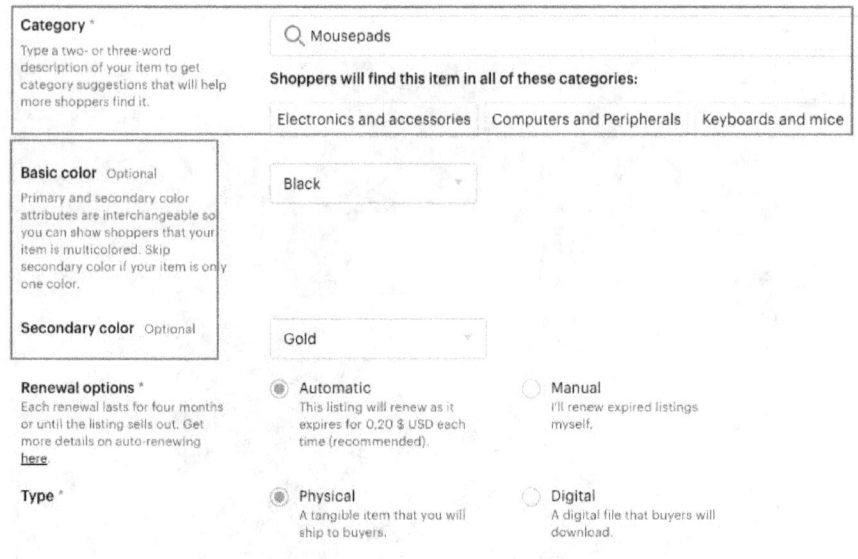

Descrizione

Descrivi il tuo prodotto dalla A alla Z.

Come scrivere una descrizione? Metti il tuo prodotto davanti a te, descrivilo, quali sensazioni dà, che qualità è, di cosa consiste, come usarlo. **Non dimenticare le parole chiave che abbiamo cercato in precedenza.** Devono essere nella descrizione, questo è molto importante.

Aggiungi tutti gli altri parametri relativi al tuo prodotto. Scrivi le dimensioni in centimetri/millimetri e il peso in chilogrammi/grammi e libbre, per i clienti non solo dagli Stati Uniti, ma anche per l'Europa e altri paesi del mondo.

Sezioni

Aggiungi il tuo prodotto a diverse sezioni (se ne hai uno). Se vendi vestiti: maglioni, magliette, pantaloni, per uomo e donna - le sezioni sono obbligatorie. Inoltre svolgeranno un ruolo nella ricerca e miglioreranno la navigazione per i clienti.

Tag

Ne abbiamo già parlato prima. Queste sono le parole chiave per trovare il tuo prodotto. Usando eRank e Google Keyword Planner, potrai definire quali fanno per te. I primi 3-5 tag sono più importanti. Inserisci quelli con migliore rapporto **CTR/bassa concorrenza**. Ricorda che devi scriverli tutti e 13.

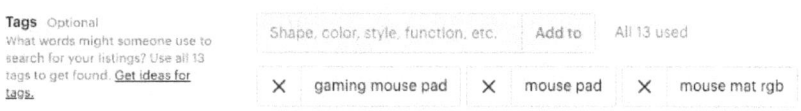

Prezzo

Valuta il tuo prodotto, quanto può costare e quanto lo pagheresti tu stesso. Non è necessario chinarsi su un prezzo troppo alto e non troppo basso. Dobbiamo vendere con profitto e non in perdita. Siamo qui per fare affari e fare soldi.

Spedizione

Fai sapere al cliente da dove viene spedito il prodotto, quanto tempo ci vuole per elaborare l'ordine e quanto tempo impiegherà la consegna.

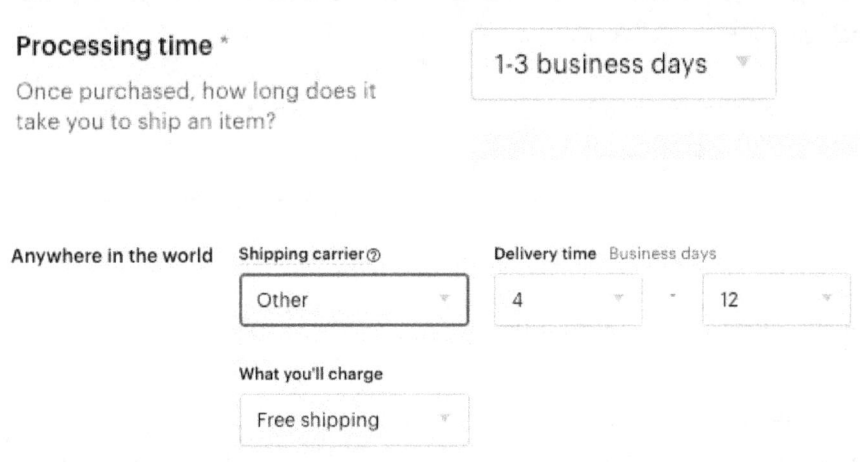

Crea un "Shipping profile" per non inserire ogni volta la stessa cosa. Come si fa? Semplicissimo, vai su **Settings** -> **Shipping Settings** -> **Shipping Profiles.**

Conclusione: La migliore strategia per avere più clienti ed essere il primo nella ricerca è: ***elaborazione ordine 1-3 giorni (pero dipende dal tuo prodotto e quanto tempo ci vuole per crearlo), tempo di consegna da 4 a 13 giorni, la spedizione gratuita.***

CREARE UN LISTING PROFESSIONALE

Processing time *
Once purchased, how long does it take you to ship an item?

1-3 business days

Buyers are more likely to purchase items that ship quickly

Fixed shipping prices *   Only shoppers in countries you ship to will see your listings in search.

Standard shipping

Italy

Shipping carrier ⓘ

Other

Delivery time Business days

3 - 13

What you'll charge

Free shipping

Everywhere Else

Shipping carrier ⓘ

Other

Delivery time Business days

4 - 13

What you'll charge

Free shipping

5

Etsy Marketing

In questo capitolo, esamineremo e analizzeremo alcuni dei punti di Etsy marketing che dovresti e non dovresti usare.

Etsy Ads

Gli annunci di Etsy possono essere utili per promuovere il tuo prodotto per parole chiave ad alta frequenza, ma il costo per un clic può essere troppo alto, il che significa che spenderai di più in pubblicità di quanto il tuo prodotto pagherà. Ci sono altri casi in cui la **pubblicità può farti guadagnare decine e centinaia di migliaia di dollari**. Ti mostrerà ai clienti nella parta più alta della ricerca con le parole chiave molto "pesante" che risulta 2.117.118 prodotti.

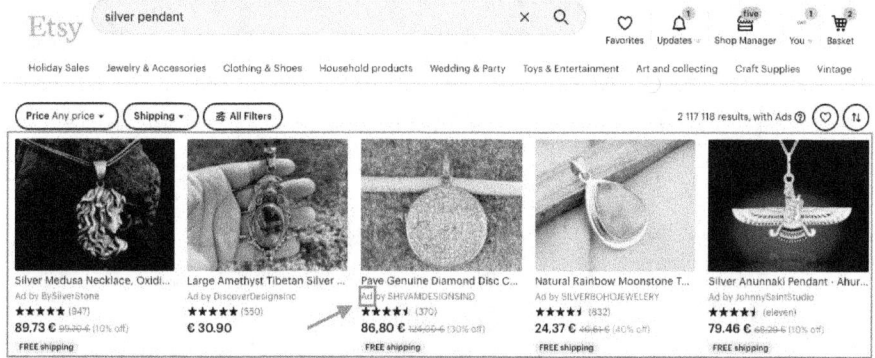

Sales and Coupon

Fai uno sconto per tutti gli acquirenti di Etsy o solo per i tuoi attuali clienti.

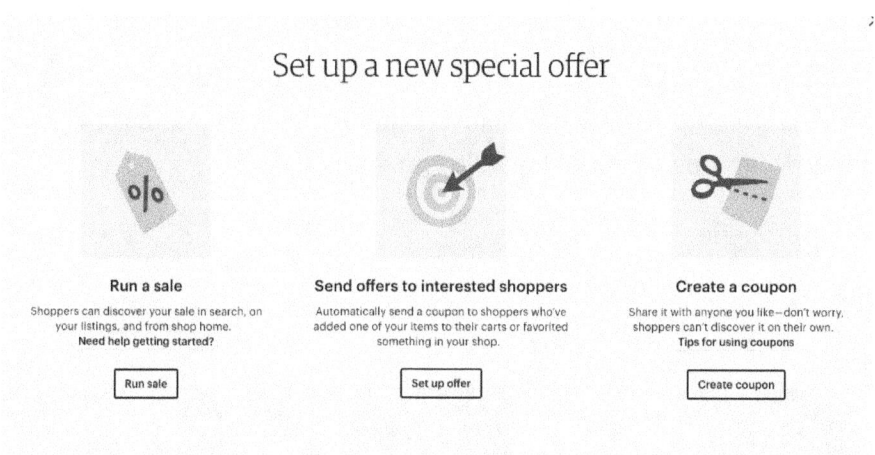

Sarà una buona esperienza fare uno sconto su tutti i prodotti con una percentuale minima del 10% in modo che il tuo prodotto venga visualizzato meglio nella ricerca. Ma non dimenticare di aggiungere il 10% al prezzo corrente del tuo prodotto in modo da poter guadagnare. Tutti amano gli sconti, quindi tieni a mente questa strategia e avrai molte vendite.

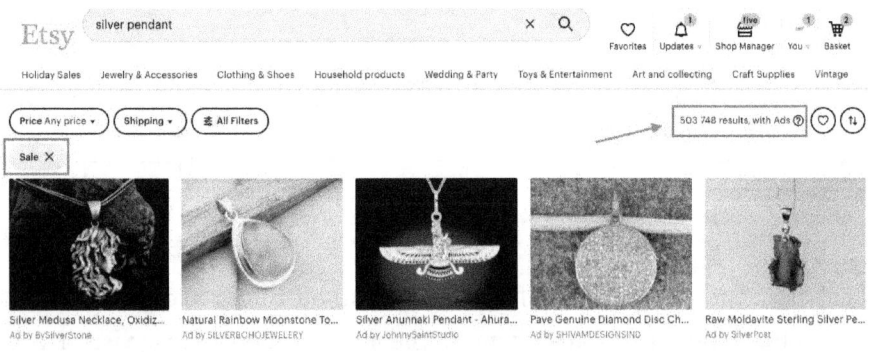

Vediamo un piccolo esempio, come con 2 milioni di prodotti, **applicando uno sconto nei filtri**, puoi muoverti molto velocemente nella ricerca, rimuovendo 1 milione e 600mila altri prodotti.

Conclusione: Lo sconto per la promozione del prodotto gioca un ruolo molto importante. Usa questa strategia.

6

Cosa fare se mi è arrivato il primo ordine?

-Spediscilo!

-Ah, si? Grazie cap.

 Orders & Shipping   832

Prepara il tuo pacco per la spedizione, scrivi l'indirizzo da dove e dove. Puoi trovare l'indirizzo negli ordini. Ti consiglio di controllare la correttezza dell'indirizzo in Google MAPS, succede che il cliente potrebbe non scriverlo correttamente e se spediamo la merce nel posto sbagliato - ci dispiacerà molto, perché dovremo restituire i soldi al cliente e siamo rimasti senza la merce. Inoltre, il cliente può lasciarci una recensione negativa a causa della nostra mancanza di professionalità. Se alla fine scopriamo che l'indirizzo è sbagliato o risulta diverso rispetto quello dell'ordine, contattiamo il cliente e chiediamo di scriverlo correttamente.

Cerca di confermare la spedizione entro quei 1-3 giorni (se hai inserito questi nel "**Shipping Profile**"), per evitare fastidiosi domande dal cliente riguardo il suo ordine.

Conclusione: Consiglio di contattare il cliente, ringraziarlo per questo ordine, chiedere gentilmente il numero di telefono per metterlo sul pacco, siccome il corriere può essere incompetente per trovare l'indirizzo, e potrebbe telefonare al cliente.

II

Part Two

Nella seconda parte di questo libro vedremo come comunicare con i clienti, come gestire le controversie, come non violare i diritti d'autore, le strategie e i negozi di successo e quanto guadagnano.

7

Drop Shipping

Questa ora sarà utile per coloro che sono impegnati o vogliono essere coinvolti in questo tipo di attività.

Il dropshipping è consentito su Etsy? È difficile rispondere, se usiamo la strategia correttamente, non saremo beccati da Etsy - il successo ci attenderà. La strategia ha alcune sfumature però.

Vediamo una strategia.

1. Decidiamo in quale nicchia vogliamo vendere.
2. Cerchiamo un prodotto del genere su Aliexpress.
3. Ordiniamo per "Ordini" in modo che prima ci vengano assegnati quelli più venduti.
4. Controllo della tendenza del prodotto su Google Trends
5. Cerchiamo parole chiave in base alla strategia che abbiamo definito in precedenza.
6. Ordiniamo uno per uno dal nostro fornitore per controllare la qualità.
7. Se siamo soddisfatti, scattiamo foto di qualità e ordiniamo altri prodotti diversi. (Non serve comprare all'ingrosso)
8. Crea un listing del prodotto su Etsy, come abbiamo scritto nel capitolo 4.

9. Inizia a vendere, intanto che ti verrano consegnati altri prodotti per fare le foto.
10. Quando ti arriva un ordine su Etsy, tu vai su Aliexpress da tuo fornitore, e crei l'ordine di quel prodotto, ma inserisci l'indirizzo del cliente che ha ordinato da te su Etsy.
11. Profitto!

Semplice.

*p.s. Se hai bisogno di aiuto riguardo le vendite su Etsy, ti offriamo i nostri servizi per la gestione del tuo negozio che ti farà guadagnare non **$1.000**, non **$5.000**, neanche **$10.000** e nemmeno **$15.000** al mese, ma potrai arrivare sui **$30.000** e anche di più con le vendite. La cifra sembra da ridere, ma fidati, che alcuni clienti dei nostri servizi **guadagnano $50.000 al mese**.*

8

Gestire i clienti.

Se sei una persona severa, nervosa e irascibile nella vita. Ricorda, su etsy e nel settore delle vendite, devi essere gentile con i clienti, senza "**ou zio, hai rotto..., ti arriverà tra poco sto ordine di M***A!**", perché i clienti ti pagano. Se non riesci a far fronte a tale compito, chiedi a un'altra persona di comunicare con i clienti.

Calmati e rilassati, la vita è fantastica, vendi, guadagni e fai affari. Rispondi sempre alle e-mail dei clienti, rispondi alle loro domande. Non puoi ora, rispondi il prima possibile. I clienti vogliono attenzione. Alla fine del messaggio scrivi sempre: il tuo nome, nome del negozio e "Grazie e Cordiali Saluti".

*Sergio Maley, CEO of **www.sergiomaley.com*** (oppure il nome del negozio)
Thank You and Best Regards :)

Quando rispondi ai messaggi - ridi, ridi sempre. Un sorriso influenzerà positivamente al tuo cliente anche attraverso un messaggio. Se sei nervoso, potrai scrivere parolacce, poi si offende, vorrà il rimborso e ti lascerà una recensione negativa. E questo influenzerà notevolmente le tue vendite e il futuro del tuo negozio nel suo complesso.

<u>Sii positivo e ci saranno positive le vendite</u> . **Ricorda questo.**

9

Gestire le controversie

Non importa quanto bene vendi, non importa quante vendite hai, ci sarà sempre un cliente insoddisfatto di qualcosa: servizio, qualità della merce, velocità di consegna, atteggiamento. Prima o poi qualcuno aprirà un caso contro il tuo negozio.

Come gestire le controversie?

Per prima cosa, dobbiamo capire perché ha aperto questa controversia, qual è stato il motivo? Qualità del prodotto? Oppure l'articolo non è stato consegnato?

Se questa è qualità, come ho scritto prima, **dobbiamo controllare la qualità del nostro prodotto**, includere dettagli di qualità nella descrizione. Se la controversia è aperto, allora sarà possibile rispondere dicendo che era nella descrizione del prodotto, ma il cliente non l'ha letto, quindi vinceremo la controversia e non dovremo restituire i soldi. Se lascerà la recensione negativa, possiamo aprire noi la controversia riguardo la recensione negativa, spiegando che non meritiamo questa recensione perchè il cliente ha fatto poca attenzione, ed Etsy la cancellerà.

Se il prodotto era elettronico e ha smesso di funzionare, entro un tot di giorni il cliente ci deve contattare, restituire il prodotto, dopo la verifica da parte nostra, decidiamo se rimborsare i soldi o spedire un altro prodotto.

Se l'articolo non'è arrivato nei tempi previsti, questa è la nostra responsabilità, poiché abbiamo scelto noi il corriere con chi spedire.

Controlliamo sul sito ufficiale del corriere il numero di tracciamento dove si trova il pacco, se è ancora in viaggio, dobbiamo scusarci, spiegare la situazione e dirgli che arriverà presto. Se il codice non risulta niente ed è perso… non possiamo fare niente che rimborsare i soldi. **Ricordati che il cliente ha sempre ragione.** Ti consiglio di spedire i pacchi con un numero di tracciamento e inserire su Etsy quando confermi un ordine.

10

Violazione Copyright

È assolutamente vietato vendere i prodotti contraffatti o prodotti che violano il diritto di proprietà. Se vuoi vendere dipinti con Harry Potter, o altri personaggi dei film, ti consiglio di non fare una copia super esatta, e di non scriverla nel titolo o nella descrizione, puoi scrivere **SOLO** nei tag.

Cosa può succedere?

Prima o poi, un bel mattino, quando ti svegli, fai colazione, fai le faccende domestiche, noterai sul tuo telefono che non ricevi notifiche d'ordine, accedendo al tuo account, troverai questo magnifico messaggio "**Your account is suspended**". La prima cosa che tu farai - inizi a bestemmiare, ma tanto però.

Non preoccuparti, questo problema può essere risolto. Dobbiamo scrivere ad Etsy, spiegare la situazione, se sappiamo che in qualche modo e da qualche parte potremmo violare i diritti, allora promettiamo di non farlo più (e in realtà non lo facciamo più). Succede che anche se non hai violato i diritti, puoi trovare questo messaggio, ma ciò è dovuto ad errori nell'algoritmo su Etsy, che a volte falliscono nel sistema.

Il diritto di commettere errori viene concesso una sola volta. La prossima volta, potrebbero non sbloccare il negozio e bloccare in modo permanente il nostro accesso alle vendite su Etsy. Stai molto attento cosa vendi. Non guardare altri venditori che vendono i prodotti di Deadpool cosi in aperto, prima o poi troveranno quel messaggio (se non hanno il diritto di vendere quel prodotto, magari hanno chiesto il permesso alla Marvel).

Per cosa possono bloccare?

Ad esempio, se vendi dipinti con personaggi famosi, Etsy eliminerà prima questo listing inviandoti un avviso, dopo 3-4 di tali avvisi bloccherà il tuo negozio. Se ricevi il primo avviso del genere, rifletti un pò cosa stai vendendo.

Ti viene data una grande opportunità per vendere molto e guadagnare ancora di più. Non sprecare questa opportunità.

11

Strategia vincente.

È giunto il momento di scrivere una delle strategie per $50.000 al mese, per $600.000 all'anno e $6.000.000 in 10 anni.

La strategia.

1. **Il negozio al inizio come la nostra nicchia es.** "**AnimeStickersShop**".
2. **Tutto ciò che nel capitolo 3.**
3. **Tutto ciò che nel capitolo 4.**
4. **Crea lo sconto (10%) per i tuoi prodotti, che in tale modo, saranno più visibili nella ricerca.**
5. **Crea la spedizione gratuita. (se non ci stai dentro, inserisci il prezzo della spedizione che devi pagare nel prezzo del prodotto).**
6. **Elaborazione ordine 1-3 giorni.**

Perchè nel punto 2 e 3 ti ho mandato ancora a leggere i capitoli 3 e 4? **Perchè sono importantissimi!** rileggili, imparali come "Padre Nostro". Ci sono tanti punti che devi agganciare e metterli in pratica.

Guarda come cambiano i datti mettendo semplici 3 cose nel filtro. Da 2 milioni, siamo passati a 80 mila.

L'ARTE DI ETSY

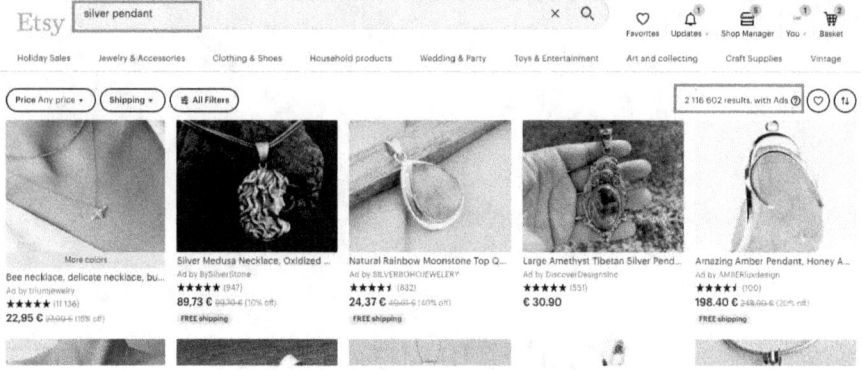

E tu pensa che questi sono solamente alcuni filtri, ma c'e ne sono tanti altri. Ecco perchè ti ho detto di imparare i capitoli 3 e 4. Per inserire tutti i dati necessari.

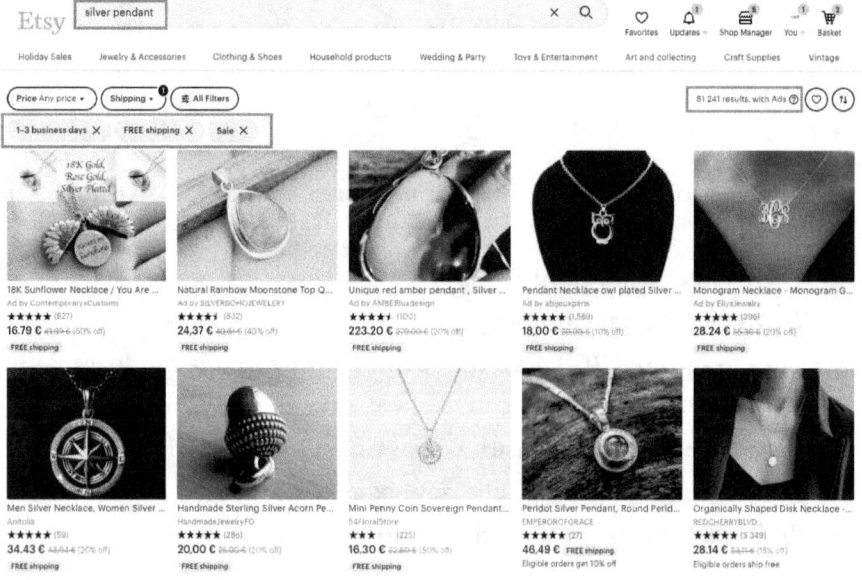

Usala la strategia. Vendi tanto. Ma se non riesci o non hai voglia perchè sei pigro, ti offriamo i nostri servizi per l'Audit, la gestione e sistemazione del tuo negozio su Etsy, che non ce la farai a stare dietro con i tuoi ordini da spedire, perchè c'è ne saranno talmente tanti che pregherai il Dio di aiutarti.

12

Storie di Successo

In questo capitolo, voglio incoraggiarti a studiare sempre meglio questo libro. Qui ti darò cinque esempi di altri negozi, come hanno fatto elenchi… e il più interessante - quanto hanno guadagnato durante la loro esistenza.

BySilverStone

Un negozio di gioielleria, con 4.269 vendite (attuali), e con un prezzo medio di €534. Esiste dal 2018. Fino adesso ha guadagnato €2.279.646. Quindi al mese sono circa €94.985.

L'ARTE DI ETSY.

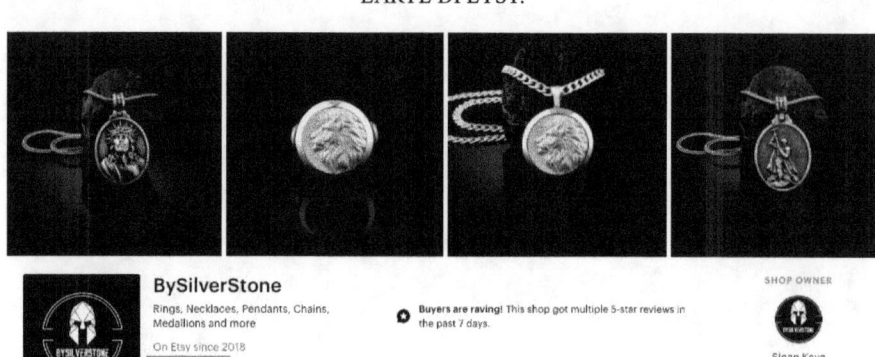

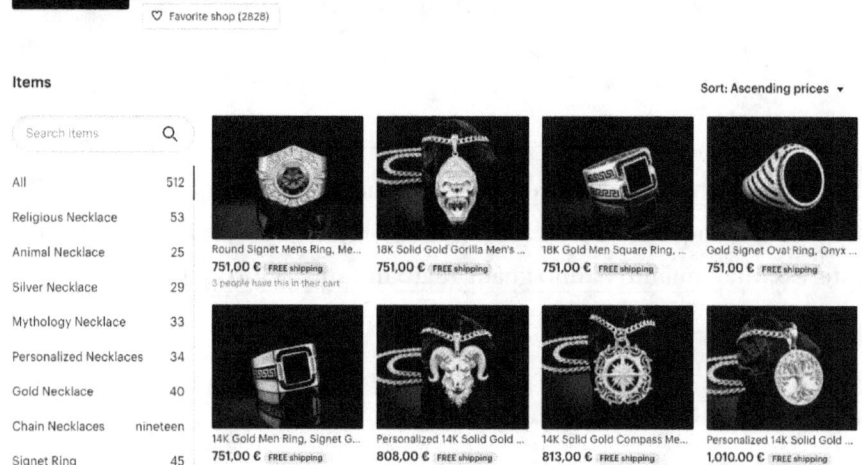

DigitalPlannerTools

Questo negozio si occupa di pianificatore digitale (e non solo). Attualmente sono 12.690 vendite con un prezzo medio €20,99. Esiste dal 2019 e in tutto questo tempo ha guadagnato intorno ai €266.363. Non male. Sei d'accordo?

STORIE DI SUCCESSO

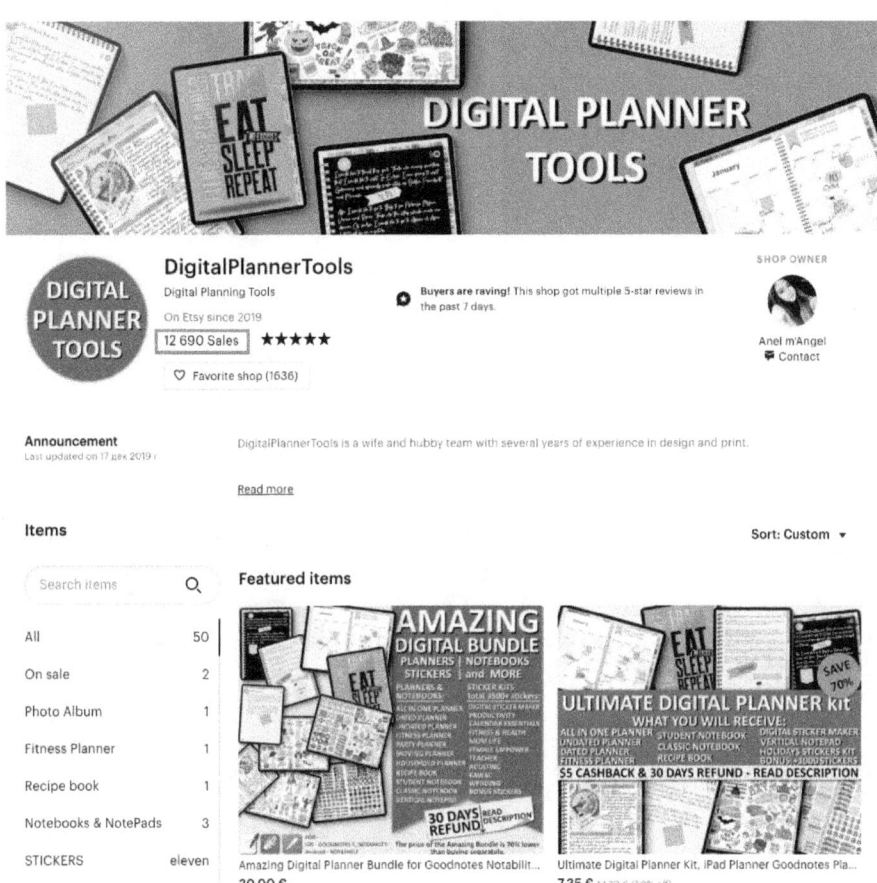

ShopLuminJewelry

Un altro negozio di gioielleria con 12.118 vendite e con il prezzo medio pari €51,50. Esiste dal 2015 e il suo guadagno circa €624.077. Prova guadagnare quei soldi lavorando in ditta...

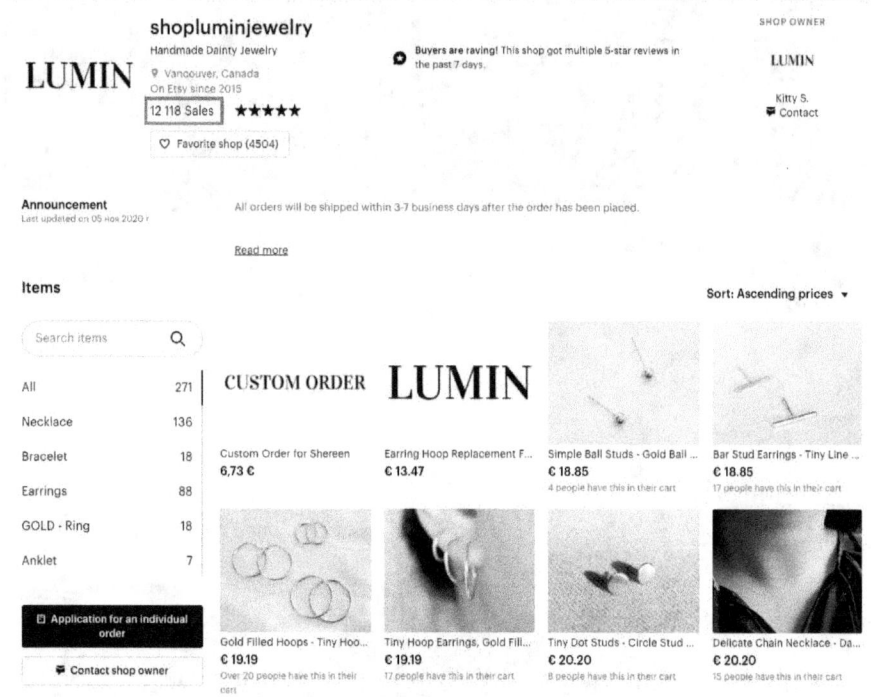

85thAdventureDesigns

Un negozio dei vestiti e adesivi (per i vestiti e altri oggetti). Esiste dal 2017 e ha venduto la roba da 39.369, con uno prezzo medio €18,05. Il suo guadagno sarà più o meno €710.610. In soli 3 anni...

STORIE DI SUCCESSO

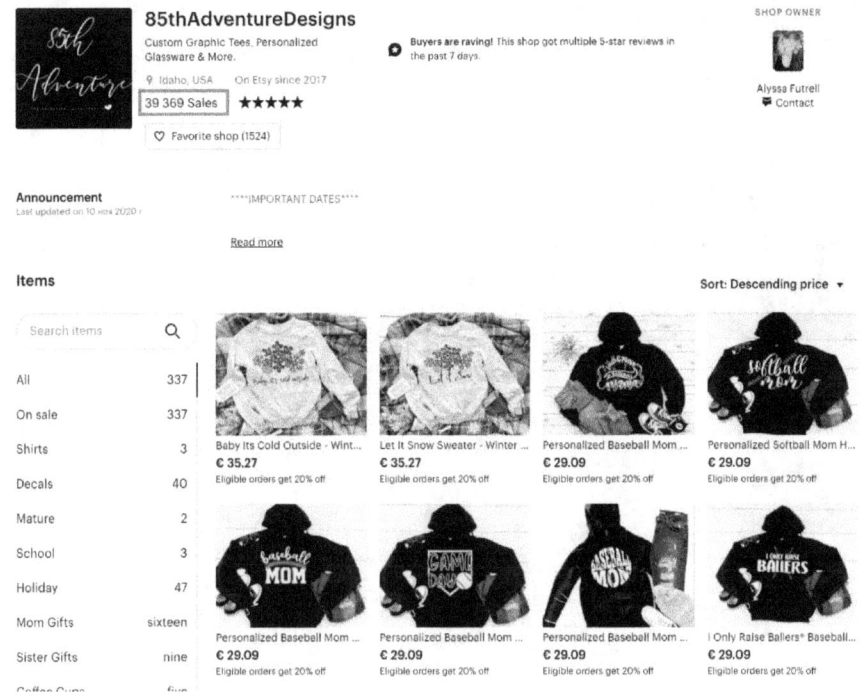

StoneCreekWallDecals

Un negozio con decorazioni murale. Esiste dal 2012 e sono 26.255 vendite attuali al prezzo medio intorno ai €30.02. In 8 anni ha guadagnato €788.175. Ottimo direi. Quei soldi, facendo la barista o metalmeccanico, non li vedrai. Saremo sinceri con noi stessi.

L'ARTE DI ETSY.

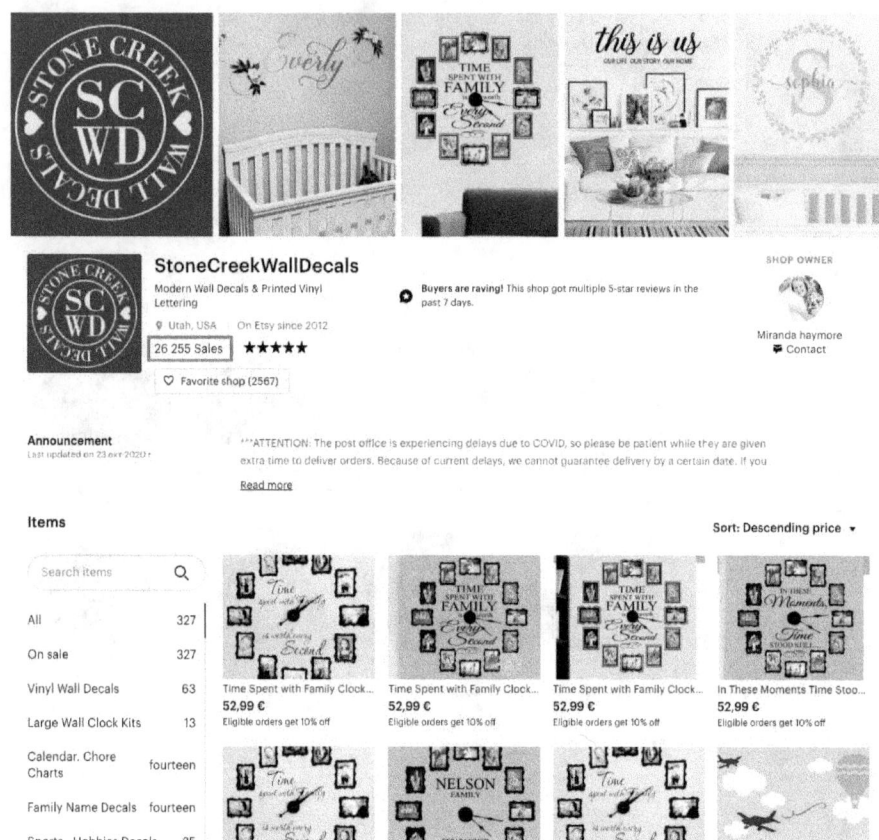

Quindi abbiamo esaminato alcune storie dei negozi e, come puoi vedere, tutto funziona. Su Etsy puoi guadagnare un sacco di soldi lavorando con piacere e per te stesso. Ma per questo devi lavorare prima sul negozio e su te stesso, in modo da imparare l'arte della vendita su Etsy.

Questi sono i negozi che funzionano con una strategia chiara, sanno scrivere parole chiave e sanno vendere. Usa questo libro come guida, come una Bibbia. Leggilo e studialo.

Se hai le domande o bisogno di aiuto, contattami su **www.sergiomaley.com**. *Seguimi anche su instagram: @sergio.maley*

STORIE DI SUCCESSO

Che le vendite siano con te.

About the Author

I live in Italy, but I come from Ukraine. Many years of studying web technologies and web marketing. Managing e-commerce, writing promotional articles, and setting up targeted ads. Investing in the stock market. I like to read books, and I speak six languages.

You can connect with me on:
- https://www.sergiomaley.com
- https://www.facebook.com/xSpesheRx
- https://www.instagram.com/sergio.maley

Subscribe to my newsletter:
- https://www.sergiomaley.com

Also by Sergio Maley

Must have for sellers.

L'arte di Etsy
Vendi come un mostro. **SEO, Marketing, Copywriting, Strategie vincenti, Storie di successo. Tutto ciò per farti esplodere le vendite su Etsy.**

www.ingramcontent.com/pod-product-compliance
Lightning Source LLC
Chambersburg PA
CBHW070814220526
45466CB00002B/661